산책로에서 만난 사랑

샘문 시선 1009

이정록 시선집

북청물장수 물지게 새벽바람 가르던
북창동 어느 골목인가
냉면도 팔고 만두도 파는 골목
더께 낀 고옥 추녀 사이로 보름달 둥둥둥 오르면
어느새 사내도
그녀 가슴에 올랐지
〈곱단이, 본문 일부 인용〉

꿈을 꾸는 곳이다
대숲길 오르니 달빛 가득허고
대밭에서 들리는
아버지 참빗 낙죽烙竹치는 소리에
죽순 씹던 봉황이 날아 오르자
벽오동 거문고 타는 소리 그윽허다

연못 달빛 부르는 곳이다
황금빛 달물 연잎 이슬로 내리고
이슬 속 별빛 합궁하니
은하를 산란헌다
〈봉창, 본문 일부 인용〉

이구동성 와글와글거리는 저들의 구설은
누가 기록할 것인가
설화든 전설이든 저 이천 살 묵은 작자가
사선을 넘을 때
옆에 있는 작자들은 꿈도 꾸지 못했을 것이다.
저 작자가 물질계 금단의 벽에다
획을 긋고 점을 찍어 일생을 가두고
절대계로 넘어가는 일이
도박이자 도반이었을 것이다
〈주목이 이천 년을 살아있는 이유, 본문 일부 인용〉

도서출판 샘문

산책로에서 만난 사랑

산고의 숨비소리

1993년 1월 경에 출간한 첫 시집 「산책로에서 만난 사랑」을 30여 년 만에 재발행하는 감회가 묘하다 못해 신묘하기까지 하다.

날개가 부러진 비련의 주인공 봉황이 30년 동안 조금씩 날개가 자라 이제 우주로 승천을 하려고 날개를 털고 있다. 잔털 갈이를 한다.

사선에 걸친 저 금단의 담벼락 속에서 맑고 고운 서정과 아름슬펐던 사랑이야기들을 구출하여 대숲에서 죽순으로 배를 채우더니 벽오동에 앉아 붉은 여명을 기다린다.

획을 긋고 점을 찍어 가두어 두었던 삶의 흔적들이 은둔하였던 존재의 정체성이 이승을 가로질러 사선에 머물더니 역으로 비상하여 현상계 정수리에 기어올라 인식의 문을 뒤에서 열어 물질계로 귀향하여 여명의 빛살을 타고 넘어오는 찬란한 도반을 한다.

고고한 날개에 무상한 욕망을 다시 실어 모천의 별자리로 귀향하는 섬섬한 눈빛이 성스러운 도발이게 해 달라고 세상에 고한다.

그럼 다시 태어났으니 옹아리를 좀 해 보자.

'시란 무엇일까?' 이 질문을 30여 년 전에도 했었다. 누구나 할 수 있는 질문에 아무나 못하는 해답찾기 처럼 여전히 언어적 음유의 선위에서 밤하늘의 별만큼 흩어진 채 나는 또 시詩를 묻는다.

그동안 틈틈이 써 온 시, 시조, 수필, 칼럼, 소설이 약 15,000편 정도는 된다. 그동안 시, 수필, 소설, 시조, 평론도 등단도 하고 봉산산방에서 작고하신 미당 서정주 선생님께 1995년 경부터 돌아가실 때까지 지도를 받고 현 대한민국예술원 회장님이신 이근배 교수님에게 지도도 받았다. 또 한국문학상 등 다수의 문학상을 수상하였다.

샘터문학상도 재정해서 본상과 신인문학상을 시상하며 상금, 상장, 상패를 주고, 등단도 시키고 평생교육원도 2개나 설립하여 시창작학과, 시낭송학과, 시조창작학과, 가곡학과, 멀티스피치학과를 개설하고 민간자격증 등록을 정부기관으로부터 인가받아 많은 미래동량들을 발굴해 내고 후학들을 양성하고 있다.

이번에는 수도권에 있는 대림대학교 주임교수로 임용되는 영광도 안았다. 대학교수 되기가 하늘의 별따기라는데 여가문화스포츠학과 주임교수로 부임하였다. 내년에는 시창작학과와 시낭송학과를 개설하여 학장으로 발령을 낸다고 하니 갑자기 한꺼번에 홍복이 터졌다.

2년 전에는 국가상훈편찬위원회에서 편찬하는 「국가상훈인물대사전」에 문화예술 인물편에 등재되는 영광도 안았다. 전설 같으신 김동리, 박목월 선생님들과 올랐으며 30번째로 올랐다.

40년 만에 붓을 들어 연속 (2017~2018)으로 2년을 일본 도교미술관에서 개최된 국제ZEN전 (국제동양화대전)에서 한국수묵화 부문에서 특선과 입선을 품에 안았다.

그리고 한국예술복지재단과 한국콘텐츠진흥원에 응모하여 당선되어서 많은 상금도 받았고 시집도 출간하라 출간비도 받았다.

그러나 아직도 허전하다. 욕망은 끝이 없나보다. 더욱 더 겸손하고 나 자신을 낮춰서 낮게하고 욕심을 비워서 청결이 해야겠다고 매일 다짐하고 자각하고 자성한다.
틈틈이 써 온 시時를 통해 마음을 가다듬고 삶의 일부가 되어버린 시문학과 함께 시공간을 초월하여야 하는 고난과 고뇌를 더욱 더 정련하여 내가 나 자신을 존경하고 신뢰하는 그런 존재가 되기를 소망하고, 노력하고자 한다.

시는 맑은 영혼으로 써야 한다는 나만의 철칙이 모순되고 때 묻지 않도록 철저한 내 관리로 심상과 철학과 사상을 최선상으로 끌어 올리자고 다짐한다. 기존의 패러다임을 넘어 나를 혁파하고 혁신하여 이사회에 한 알의 밀알이 되는 소박한 꿈도 구현해 나가고 있지만 그래도 배가 고파 끝없이 꿈을 꾼다.
이번에 이렇게 용기를 내어 도반하고자 한다. 앞으로도 글쟁이로 살아가기 위해선 고난의 길을 끝없이 가야겠지만 최선의 노력으로 문인으로서의 길을 걸어가 볼 생각이다.

내 날개짓이 빛을 타고 넘나드는 봉황은 아닐지라도 죽순을 먹고 귀한 오동나무가 아니면 앉지아니하는 봉황은 아닐지라도 봄을 노래하는 종달이처럼, 여름을 만끽하는 매미처럼, 가을에 들녘에 흐드러지게 핀 개망초처럼, 겨울에는 설화 가득 피워 문 늙은 나무일지라도 좋으니 부디 모두와 내 자신을 위로하고 응원하는 건강한 글을 쓰는데 더욱 더 신명을 다하고자 한다.

　재발행 시집을 출간할 수 있도록 용기를 주고 문단 활동에 동반자가 되어준 한국문단 문인들, 샘터문학 임원 및 회원님들, 대한민국예술원 이근배 회장님, 국제 PEN한국본부 손해일 이사장님, 한국문인협회 이광복 이사장님, 이진호 석좌교수님, 김소엽 석좌교수님, 지은경 박사님 샘터문예대학 지도교수 및 강사님들, 그리고 저의 사랑하는 가족들, 친구들, 샘터문학 편집실무진 여러분을 비롯하여 모든 지인들게 감사드리고 금쪽같은 외아들 「보물섬」 이현석군과 비주님께도 사랑하고 존경한다는 말씀 올립니다.
　모든 여러분 감사합니다.

　　　　　　　　　　　　　　　　1993년　7월　25일
　　　　　　　　　　　　　　샘터 **이 정 록** 사룀

이정록 감성시집

산책로에서 만난 사랑

산고의 숨비소리 ·········· 5

1부 매화, 천 년의 사랑

사랑을 해산하는 바다 ·········· 14
청춘가람에 휘적시고 ·········· 15
동반자 ·········· 16
매화, 천 년의 사랑 ·········· 17
냉이 연가 ·········· 18
설중노루귀 ·········· 19
광대나물 마녀 ·········· 20
민들레 사랑 ·········· 21
모란 ·········· 22
오 월의 서정 ·········· 23
병아리가 꾸는 봄 ·········· 24
내 안의 새싹 ·········· 25
산당화 ·········· 26
봄날이 오면 ·········· 27
춘화파장春花罷場 ·········· 28
봄비가 내리면 ·········· 29
불꽃이라 아름다운가 ·········· 30

2부 태양의 애첩, 월계

복숭아 ·········· 32
가시 돋친 홍장미 ·········· 34
오 월의 노래 ·········· 35

박꽃 미인 …………………………………… 36
태양의 애첩, 월계 ………………………… 37
여왕의 고독 ………………………………… 38
꽃망울 ……………………………………… 39
설레임 ……………………………………… 40
나비안경 세상 ……………………………… 41
제꽃가루받이 ……………………………… 42
늦여름 산촌 풍경 ………………………… 43
미운 그대 …………………………………… 44
염원 ………………………………………… 45
천리향 (서향) ……………………………… 46
내 사랑 명자 ……………………………… 47
영원히 사랑하겠습니다 …………………… 48
홍장미의 마법 ……………………………… 50
청매가인靑梅佳人 ………………………… 51
영원한 사랑 ………………………………… 52

3부 아 만추여, 붉은 노을이여

달 별 콜라보 앙상블 ……………………… 54
박꽃 ………………………………………… 55
사랑은 ……………………………………… 56
여행을 떠나야겠습니다 …………………… 58
가을, 그녀의 이름으로 …………………… 59
마지막 잎새 ………………………………… 60
Red Rose Love …………………………… 61
마음은 어디로 ……………………………… 62
풍년가 ……………………………………… 64
아 만추여, 붉은 노을이여 ……………… 66
가을빛 사랑 ………………………………… 68
백조 ………………………………………… 69
아가씨 가을 산책 ………………………… 70
가을은 가고 ………………………………… 72

낙화 ·· 73
갈꽃 ·· 74
낙엽 ·· 75
12월의 고백 ······································ 76
눈처럼 내리는 사랑 ··························· 77

4부 내 사랑 순애,보

다시 피는 꿈 ···································· 78
사랑의 내재율 ·································· 80
내 사랑 순애,보 ······························· 81
사랑 ·· 82
기다림 ··· 83
영혼의 사랑 ····································· 84
그리운 그대 ····································· 85
사랑하는 이유? ······························· 86
연인의 노래 ····································· 87
구속과 자유 ····································· 88
용서 ·· 89
봉창 ·· 90
하나의 꿈 ·· 92
봄물 ·· 93
곱단이 ··· 94
못말리는 사랑 ·································· 96
원시적 사랑 ····································· 97
달님 부르스 ····································· 98
슬픈 사랑 ·· 100
고독한 달맞이 ·································· 101
하현달 ··· 102
창조적 사랑 ····································· 104

5부 주목이 이천 년을 살아있는 이유

아가야 ··· 106
고향 ·· 107
초가 둥지이어라 ···································· 108
상엿소리 ·· 110
소꼽친구 ·· 112
어머니 시집 오시네 ································ 113
하늘이시여 ··· 114
꽃 ··· 115
한 꿈 ··· 116
고독 ·· 117
어부의 희망 ·· 118
달빛 세레나데 ······································· 119
공존 ·· 120
모순 ·· 121
일치점 ··· 122
눈물의 언어 ·· 123
무언의 삶 ··· 124
허기 ·· 125
이름없는 벙어리 꽃 ································ 126
꿈 같은 사랑 ··· 127
침묵으로 쓰는 편지 ································ 128
심경 ·· 129
주목이 이 천 년을 살아있는 이유 ············· 130

1부

매화, 천 년의 사랑

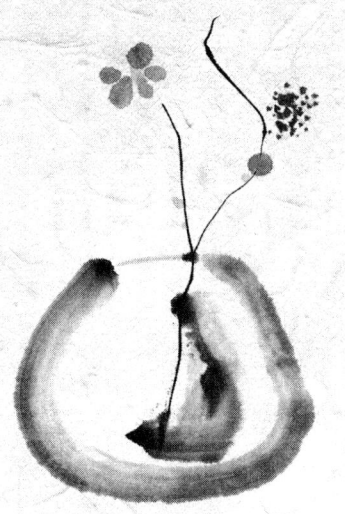

사랑을 해산하는 바다

별빛이 산란하는 저 청동빛 바다를 보라
태초의 청빛 꿈을 들고 철썩거리며
찬란하게 쏟아지는 건
푸른 그리움 드리워 해산하는
별들의 격한 사랑을 노래하는 것이다

달빛이 산란하는 백동빛 바다를 보라
태초의 은빛 꿈을 들고 출렁거리며
처절히 바스라지는 건
하얀 그리움 드리워 해산하는
달의 격한 사랑을 노래하는 것이다

별들의 자장가 소리에 잠잠해진 윤슬
고래의 잠꼬대 소리에 간간이 부셔지고
사랑하는 해산하는 어미는 만물이 소망하는
신성한 꿈을 꾼다

여신의 자궁처럼 심오한 저 바다는
신성하고 숭고한 생성과 소멸을 끝없이 반복하며
애련愛戀의 깃발 흔들며 오느니

아 - 사랑,
가련하고 오만한 너의 열정을
본능의 촉수로 감아 품고 싶다

청춘가람에 휘적시고

태양도 축 늘어져 천불 식히려 가끔은
구름의 얼굴을 묻습니다

황금풍뎅이의 야무진 나래바람
찜통 불볕더위 식혀 주고
매미의 청춘가람에 들녘 낟알들 풍년가 리허설이
한창입니다

개구리참외는 어느새 달빛 채질하여
몽뚱이 금빛 치장을 하고
구애의 금빛 울음 별꽃에 심어
뱃속의 새끼들 채워갑니다

지친 심신 물가 내달려 꽃가람에 발 휘적시다
더위 물릴 수박 한덩이
시간 죽일 시집 한 권 들고
달빛 쪼이며 원두막으로 향합니다

망중한에 풍덩 던져지면 열대하 잠재우고
갈가람 부르는 찌르래기 낭송소리에
늘어진 심상 추스르니요

쌉싸란 향기 그윽한 밤
발맘발맘 지어갑니다

동반자

내가 힘겨워 할 때
그대는 나의 아픔이 되고
내가 슬퍼할 때
그대는 나의 눈물이 되었지요

습한 늪지에서 너덜한 누더기 길에서
아파 울고 있을 때
가녀린 호흡이 되어 날 사랑하는 사람

호흡했던 흔적들이 증거하듯이
남겨진 시간들도
그대를 더 간절히 원함이
그대를 더 애절히 사랑함이
내 남은 삶의 전부이지요

함께여서 세상을 가쁜 숨 몰아쉬며
살아갈 수 있고
쓰러져도 함께여서
일어날 수 있는 시간 시간들

어느 날 그 어느 날
처절했던 가슴에 햇살처럼 다가오신 그대
그대와 함께 살아갈 수 있어
오늘도 행복합니다

매화, 천 년의 사랑

혹한 견디려 켜켜이 껴입은 매목梅木
외투 벗어던지고
수피 속 흐르는 흥건한 기운
부풀은 여린 살 다듬은 나긋한 가지
마디마디 매듭 꼬아 물들이고
꽃들자리 다듬나니

얼마나 기다렸을까
얼마나 서성였을까

봄바람 애련愛戀의 강 걸으며
봄 밤 한 현씩 날리는 선율 꽃술 튕기나니
넋을 후리는 별빛 사랑아
마른 가슴 축이는 달빛 사랑아
어여오라 사랑아
내 사랑아
천 년을 이어갈 우리의 사랑
끝나지 않았으리니

냉이 연가

천사야
덜 녹은 눈 헤집고
봄빛 찾느라 힘이 들었구나?
축 처진 어깨에 파리한 날개까지
그래 봄인 게야

길섶 언덕배기
고개 내민 친구들과 안녕, 인사
눈물 몇 점 뚝뚝뚝
여느 길손이 바라 봐주나
마중 나왔으니 오시려나
봄볕 따라 오시겠지

마음 졸이지 말고
파릇한 미소로 쌉싸름 향취로
맞으려무나
천사야

설중노루귀

춘설春雪 아직 남아 있어
춘풍春風 옷깃 여미고 햇살은 쪽문 열지 못해
살금살금 봉창 문틈 들추고
햇살 한 줄금 당기는 소녀
뽀송한 솜털 귀 쫑긋 세워 잔설 밀어올리고
곧추세운 꽃대궁 열고
속정 다소곳 펼쳐
사랑이 서투른 날 유혹한다
눈꽃 설움에 묻어둔 그리움 하나
꽃신 신고 걸어오는 봄빛 하나
뽀송한 젖빛 내음 속으로
살살 유혹하는 소녀
봄 사랑으로 여미네

광대나물 마녀

너는 근게 말이여
거시기 뭣이냐 거 그거 있잖여
너는 봄의 화신이여
분홍 때깔 후광을 확 발산 헌게
긍게 말이여 흥분의 도가니여
모든 목숨 부치들이 흥취허고 춤추게 맹그는
때깔이 줄줄 흐르는 것이 말이여
보통 요물이 아니여

너는 긍게 말이여
거시기 뭣이냐 거 그거 있잖여
목숨줄 절단 낸다고 허냐, 치명적이라고 허냐
아무튼 말이여 너는 그렇게
요상한 마법을 부려 부는 요술쟁이여
째깐한 분홍 때깔 요술을 부리는 백여시여
봄바람 홀려갔고 봄 구신들 깨우는 것이
보통 요술이 아니여

너는 긍게 말이여
거시기 뭣이냐 거 그거 있잖여
응 겁나게 이뻐부린 새악시랑게
난, 말이여 거 뭣이냐 그렇게
니 팬이여, 암만 그라제

민들레 사랑

외진 돌 틈 사이 뿌리 내린 외로움
환한 미소로 다가오는 소박함
설그렁 이슬 쓸어 안은 초연함
그렁한 눈물로 잉태된 하얀 우주

무채색 생명 홀씨여
그대 풀바람 타고 훨훨 날아
어느 들녘, 어느 길섶 어딘가에
고독한 새봄을 피워낼 것이고
훗날 기억된 그리움 전할 것이다

절절히 흐르는 강물처럼
우리 사랑 가슴 시리도록 애절했노라고
아가 눈망울처럼 아름답고
숭고했노라고

모란

우리 만남이 따뜻해요
내 마음처럼 그대 순정처럼
천사 나래짓 하는 여신
백옥향이 흐르는 여신

열 개도 백 개도 아닌
딱 한송이로 피어나
임 체취 솔솔대는 탐방로에서
등불을 밝히는 꽃

오 월의 서정

첩첩산중 방죽에 녹수綠水 가득하니
철철철 넘쳐 흐르고
산과 계곡 어지러이 높고 낮으니
질곡의 줄기 격하다

등성이 복숭아꽃 살구꽃
격정의 전율 한바탕 꽃불 사르고
봄이 떠난 동산은
싱그런 녹색 향기로 채색이 된다

고치 속 매미는
날개 옷 수놓아 나래짓 준비하고
정열의 뜨거운 태양 노래할 목청 다듬느라
연일 분주한 오 월
숲의 계곡은 늘솔 향취로 가득하다

달이 돋고 바람이 스산하니
허전한 마음은 그리움에 사무치는데
솔잎은 달빛을 곱게 채질하여
나그네 맞는다

병아리가 꾸는 봄

겨울 샛강 경계 저 너머에
해빙하는 물빛에서 풀어내는 바람이
제법 쌀쌀하다
오싹거리는 생채기 감싸주는 나른한 봄 날
엄마 품 두 날개 사이 솜털은
따뜻하기도 하다

거친 기운 몰아내고
어둠 속 빛을 발하는 별빛
가녀린 부리로 쪼아대니 달이 돋는다
어미의 부리 매달려 아슬한 날개 짓
삶의 시작 출발선에 선다

어미 따라 꿈꾸는 세상
노래하며 춤을 추고 하늘빛 한 모금 마시며
하늘을 쳐다보는 눈빛으로 키우는 꿈
내 안의 따스한 봄 날개 짓에
희망의 싹이 돋고

내 안의 새싹

해빙하는 물빛에서 풀어내는
바람이 제법 쌉쌀하다
쌉사름한 맛쌈 싸주는 나른한 봄 날
아련한 꿈의 품 몽롱하다

거친 기운 몰아 내고
어둠 속 별무리
푸릇한 부리로 쪼아대니 눈을 뜬다
생명의 원소 산란하는 은하
연둣빛 존재 배란하고
만월은 몸 풀어 달물 쏟는다

꿈처럼 꿈꾸는 세상
하늘빛 마시며 빨노파 물감으로
풍경을 그려서 키우는 존재가
내 안의 둥지를 튼다

산당화

봄 햇살 유혹하며
꽃대궁 활짝여네

적赤 속내 펼쳐놓고
여인의 화신花神되니

선홍빛 볼과 입술이
홍등 되어 밝히네

봄날이 오면

설화雪花가 봄바람에 눈물 흘리거든
우리님도 봄바람 따라 오시어요

두리두리 여린 꽃망울 고운 봄볕 눈빛 머물거든
우리님도 봄볕 따라 오시어요

꽃망울에 맺힌 서러움 그리움으로 숙성되면
우리님도 그리움 따라 오시어요

아련한 꿈빛 깨어나면 사라지는 바람이어도
우리님도 꿈속 봄 길 따라 오시어요

춘화파장 春花罷場

선한 눈빛 누운 이 물길이
그대와 나 두 눈빛으로 노 저었던
애련愛戀 강이었던가

숨 죽인 달 원망하며
청동별빛 심장에 들여 걸고
천 길 낙화암 씨줄의 흔적 찾아
꽃치마 훨훨 던지는 연민
파르르 맴도는 물빛

그래도 가야만 하는 숙명의 길
끝정 서럽게 가르는 꽃잎배
어서 오시어요 그대여
천 길 물가 떠돌며 가냘픈 숨 몰아쉬는
내 잔향의 흔적 따라서

봄비가 내리면

겨우내 설풍에 떨었던 한설이
봄바람에 가슴 쓸어내려 이내 눈물을 쏟는다
춘설의 눈물인가?

봄비가 흘리는 눈물
나목 빈 가지 촉촉히 여미고
새순을 틔우려 꽃망울 터뜨리려
촉촉히 적신다
연두빛 눈망울 세우고
봉긋한 꽃망울 활짝 미소 짓는
소망의 봄비가

이 비 그치면 파릇한 새싹
훌쩍 더 자라겠지
나목 가지마다 봉긋한 꽃망울
톡톡톡 터뜨리겠지
봄바람 치마 폭 꽤나 팔랑거리겠지
임에게 향긋한 봄 향기 전해주겠지

불꽃이라 아름다운가

삶, 결국 소멸하는
사랑으로 귀결되는가?
붉게 태워 스러지는 노을처럼

사랑, 심혼을 살라 소멸하는가?
하얗게 태워 스러지는 달빛처럼

인생은 유한한 불꽃이다
사랑 또한 그 속에서 피고지는
한 떨기 불꽃

2부
태양의 애첩, 월계

복숭아

복사나무 사이 햇살
푸른 잎사귀 손사래에
잘게 바스라진다
복사꽃 시절 벌 나비 요란하고
격한 꽃바람 불 지르던 날
산고로 옹이진 자국 남기고
고개 떨군 마디마디
대궁 곱게 자란 도화
주홍빛 젖가슴 부풀어 시집 갈
몸 단장 바쁘다

발정 난 햇살 머금은 도화살
길손 혼 쏙 빼 놓은 여인
앞태가 예쁘다
뒷태가 교교하다
밤새 그렁한 비이슬까지
저리도 고운지

선녀님 젖가슴 같기도 한 것이
첫사랑 보드라운 속살 같기도 한 것이
때깔 고운 정갈한 순정에

관조의 사랑 한 껏 내어주고
속살거림에 푹 젖으니 좋다
이토록 가슴 설레는 순간
또 어디 있으랴

주홍빛 사랑 속으로
뽀얀 속살 속으로 쏙 안긴다

가시 돋친 홍장미

날카로운 비수가 되어 심장에 꽂을 것인가
나긋한 바늘이 되어 사랑을 수 놓을 것인가
그녀 촉수를 바짝 세운다

강력한 전율,
가슴 끓어 오르는 떨림
숨 멎을듯 꺽이는 목울대로
삼키는 아픈 사랑
노을 핏빛으로 물들인다

사랑이다
이 모두 사랑일 것이다
그녀가 느끼는 고통, 희열, 그리움
이 모든 것들이 사랑일꺼야

교교한 유혹,
뜨거운 희망을 보는
혜안까지도

오 월의 노래

심연心淵에 그리움 잘름거리고
심상心想 어지러이 높고 낮아
격하게 울컥이니 오 월이다

복숭아꽃 살구꽃 자지러지고
격정이 지난 초록의 무성한 신록
싱그러움 가득하니 오 월이다

고치 속 풀매미 날개옷 수놓고
불 타는 정열 노래할 목청 다듬느라
연일 분주하니 오 월이다

아카시아 사랑은 몽롱한 사랑,
페로몬 향취에 취한 그대
내 품에 쓰러지고
푸른 꿈이 가득하니 오 월이다

박꽃 미인

초가담장 이엉 처마 사이
하얀 무명옷 치렁치렁 두른 규수
노을빛 바라보며 수줍은 미소 지어요
달무리 타고 노 젓는 복사꽃보다
산자락 촉수 감추고 해살거리는 월계화月季花보다
구중궁궐 임금님 사랑받는 해어화보다
순박하고 아름다워

함박웃음 소리, 돋는 달빛 속에 반짝이고
누옥 용마루 숨어든 낙조落照
사각사각 씹으며
푸른 등불 켜고 오시는
별님 보고 웃어요

※ 월계화: 야생 장미꽃
※ 해어화: 사람 말을 알아듣는 아름다운 꽃
※ 누옥: 초라하지만 안락한 초가집,
　　　자신이 사는 집을 낮추어 부르는 말

태양의 애첩, 월계

늦여름 자락
하늘빛 월계화月季花 향기
이른 갈바람에 실려
코 끝을 스치네

태양을 사모하여
몸을 허락한 여인
산모롱이 홀로 서서
그리운 볕 쫓다가
구름을 원망하네

가을빛 그리워서
길 재촉하는 나그네를
여인의 붉은 자태가
발길을 잡는구나

※ 월계: 야생장미

여왕의 고독

오 월의 끝자락
어느새 무성해진 녹음
초여름인가 싶다

생육 생동의 비 내리는 날
가슴 속 붉은 연민 지짐거린다

어느 해 넝쿨장미 핏빛 향연
펼쳐지던 날
언약식 뒤로 봄비 맞으며 떠난 그리움

이 시간 심상 언저리 서성이니
잦아 들었던 연민, 또 다시 울렁이고
파동의 운율 척수 타고 흘러
깊은 심연 보고픔 고인다

회한, 탄식의 시간
늪에서 갓 구워낸 수련, 쏙 쓸어 안은
부초의 파리한 신음소리 애닳다

꽃망울

시린 바람에 울어대는 산하
지나간 추억들 빈 바람에 흩어져 쓸려가고
텅 빈 질곡은 허한 바람만 가득한데
봄비 그친 들녘 싱그런 봄 내음 타고
불어오는 새바람

푸른별 생동하여 반짝이는 소리에
화들짝 깨어난 그대
고요히 찾아드는 나비의 가녀린 몸짓
그대의 파르르 떨리는 눈빛
촉촉한 입술, 흥건한 내음 피어나고

이젠 어쩌지요?
봄이 왔으니 초록의 햇순 돋듯
그대 가슴 속 사랑의 싹 틔울까
기대가 되어요

설레임

"연분홍 치마가 봄바람에 휘날리더라"
시인의 입에서 무심코 구성진 노래
한 소절이 흘러나온다
왜 일까?
왜 갑자기?
가슴 한 켠에 봄이 와있는 걸까
멀어져간 사랑에 대한 연민인 걸까
새로운 사랑에 대한 애틋함일까?
살랑이며 콧잔등 위에 내려앉아
불둑거리는 봄
한 웅큼 쏘옥 감아쥐어본다
연두빛 새순의 울림이
여린 꽃망울의 떨림이 봄빛 추스려
시인의 심상을 깨운다

나비안경 세상

할아버지 콧잔등에서
아버지 콧잔등으로
사푼이 앉아 살랑거리네

조용히 날아다니는 호기심 많은 나비
갑자기 롤러코스터를 타더니
내 콧잔등에도 올라타네

세상이 빙글빙글 돌아가고
하늘이 울렁꿀렁 내려앉고
그녀의 취한 듯한 춤사위
두 세상이 미쳐서 돌아가네

제꽃가루받이

뜨거운 열병이다
격정의 광풍이 뜨거운 고백으로
그대를 향하고
거침없이 갈망하니
응축된 심장 뜨거운 몽정 토한다
거침없는 사랑
격렬한 파동
두 영혼 합치한다
심혼心魂 다하여
뜨겁게 사랑한다

[샘터 어록]

꽃들도 세상에 태어나
이성간 사랑하고 번식한다

뜨거운 가슴을 가진
모든 만물은 이성간 어느 누구를 뜨겁게 사랑한다

이는 내제된 본능의 표출이고
억제한다고 억제되는 감정이 아닌
신이 내린 특별한 축복이다

늦여름 산촌 풍경

촉촉히 젖어가는 산촌山村
숨 고르기 들어가고
눅눅히 징징거리던 매미 한 쌍
뜨거운 사랑놀이도
목청 까는 까마귀 떼 아우성도
빗소리에 묻혀 버린다

막바지 따가운 햇살에
알몸 덖던 끝물 참외는 그만
파랗게 질린 채 자지러져 나뒹굴고
상수리나무 밑동 개미떼는
온 산자락을 헤매다가도 비 서너 방울에
땅굴 속으로 삽시간에 숨어 버린다

막바지 결실을 위해 쉬어 가라며
순환의 경계를 넘는 끝물 장대비는
저녁나절을 촉촉이 적시고
흠뻑 스며든 산촌은
잘려나간 옥수수 대궁 속으로
아늑하고 달콤한 휴식에 스며들었다

미운 그대

버들가지 흥청이는 날

미운 그대 손잡고
들로 산으로 꽃나들이나 가볼까나
진달래꽃 따다가 화전놀이나 할까나
농익은 뻐찌주로 낮술이나 할까나

옛소, 나도 있고 술도 있소

한 잔하니
미운 그대가 고와보이는구려
우리 봄나들이 흥겹구나

염원

그대 고은 손마디에 봄이라도 담겨 주고파
들녘 꺾어 모은 정성으로 만들었습니다

격한 바람 몰아낸 뜨거운 입김 불어
지어낸 가슴입니다

흐르고 흐를 뜨거운 핏줄기에
그윽한 향기가 맺힌 미소가
그대에게 전해지길

봄입니다
그대가 그토록 기다리던...

천리향 (서향)

장독 깨지는 입춘이 지나
동장군 심술을 부려도
아름답고 초연하게 톡 터뜨리는 서향아

단아한 자색치마 순백의 저고리
희망의 봄 오고있다고 상서러운 수향
천 리까지 알리는 몸짓
너의 고백처럼 꿈속의 사랑 깨어나
천 리를 아우르는 날개짓

사랑의 기적이 일어나
사랑의 행운이 나에게로
사랑의 향기 천 리를 날아와
잠자는 나의 오감을 깨우고
뇌쇄적인 강렬한 체취로
꿈 속으로 유혹하는 서향아

내 사랑 명자

그대 때문에 행복합니다
붉은 햇살 선홍빛으로 채질하는 여인
양귀비 보다 조숙해 보이는 명자
남실거리는 봄바람 타고
가지마다 매듭마다
정열의 꽃 피웠습니다

그대 모습에 설레입니다
달빛 아우라 선홍빛으로 채색하는 여인
해당화보다 겸손해 보이는 명자
나의 넋魂이 바스라져
그대 눈빛 속에 묻혀서
시리게 바라봅니다

※ 명자꽃: 산당화
※ 꽃말: 조숙, 겸손, 열정

영원히 사랑하겠습니다

깊어가는 가을날
그대를 가슴 가득 느껴 봅니다
충만한 그대를 안아봅니다
청명한 하늘 마냥 좋아 벙글어집니다
우리들 입맞춤 달콤한 솜사탕으로
녹아듭니다

부푼 마음에 가득 담을 예쁜 기억
좋은 기억만 생각하는 그대
꿈의 미소 그렁한 눈빛 머금은 그대
눈길 닿는 설레임 따라
따뜻한 손 내밀어 보는 애틋함 따라
노을지는 산장에서 갈빛 선홍빛 타 들어가는
가을빛 정취에 취해
애련愛戀의 몸부림칩니다

나의 노래는 지고지순한 가을의 노래요
한 마리 가시나무새가 부르는 피의 노래입니다
그대에게 고백합니다
사랑합니다
사랑하고 또 사랑하겠습니다
영원히 사랑하겠습니다

[샘터 어록]

느끼는 감각적 사랑은
인위적으로 꾸미는 접근으론 이룰 수 없고
우연한 기회에 찾아오는
운명 같은 것이다

[샘터 어록]

아름다운 사랑은
자연의 정서가 흠뻑 베어있는
꾸밈없는 자연친화적 사랑이고
순정이고 순응이다

홍장미의 마법

비몽사몽 달빛 흐르는 교조적인 밤
뜨거운 입맞춤,
선홍빛 입술 더듬거리다
촉수에 걸렸어

심상心想은 그녀 후광에 취해
열병에 빠졌어

마법일까?
마력으로 홀려 붉은 치마폭에 가둬버린
그대는 마법사?

꿈에서 깨니 또 꿈속이고
무아지경을 여니 또 무아경이고
물아物我가 하나가 되니
춘몽春夢이라

꿈 속 나비는 그녀 대궁에서
천당 지옥을 오가는
짜릿한 경애境愛을 올리고

자아自我는 미로 속 그녀 향기 찾아
끝없이 돌고돌고

청매가인 靑梅佳人

매화 향기는 그대의 숨가쁜 희열
매실의 상큼은 그대 육탈肉脫의 영혼

물안개 피어나 촉촉히 젖은 아침
물 오른 수목 가지마다
그대 맘 주렁주렁 매달아
청매가인靑梅佳人으로 다가옵니다

그렁한 이슬에서 석양에 미광까지
새콤한 숨결로 다가옵니다
탱글탱글
청옥빛 사랑으로

영원한 사랑

꿈의 정원 하나 세상 어디에도 없습니다
뭐 꾸며 보겠습니다
그대 화단으로 꾸며 꽃의 이름으로
사철 내내 피어 있겠습니다

그대의 시가 되고 노래가 되고 별이 되어
달빛 촉촉히 내리는 밤
그대 가슴에 쏟아져 박히겠습니다

그대 가슴에 촘촘히 뿌리 박아
사랑을 앓고 위로하고 응원하는
별꽃으로 키우겠습니다

순종의 말놀이로 가슴을 울리고
불끈한 기운 하늘을 보듬어 구름을 낳고
비를 불러 별꽃을 틔우겠습니다

섬기는 마음 꽃대로 높이 올라
유성낙화 되어
그대 심혼心魂을 깔고 앉아
영원한 사랑을 증거하는
옹이가 되겠습니다

3부
아 만주여, 붉은 노을이여

달 별 콜라보 앙상블

종일 실랑이 끝에 적자생존한 노을이
포박한 석양을 내려놓으면
달빛이 정중히 마중하고
얼떨결에 따라온 별빛은 앙상불 친구들 콜라보
눈빛 음계에 맞춰
은은한 소곡을 연주한다

까맣게 가둬놓은 시공이 비워지고
응축 함의된 고요가 채워지면
소쩍새 세레나데 아름슬프고
부엉이 푸른 눈빛 어둠을 다듬어
고요를 밝힌다

교교한 수피아 달덩이 슬쩍 당기어 달빛을 축이더니
목마른 심상心想은 별꽃 유두에 물려
수유를 한다

※ 수피아: 숲의 요정

박꽃

새벽녘 맑은 물 길어
부뚜막에 정안수 떠놓고
단정히 꿇어앉아
지성으로 기도하는 여인

희디흰 빛깔은
고독속에 홀로 핀 청순미
섬뜩하게 마음을 끄는 가련미
비애의 눈물 간직한 여인

남들 모두 잠든 밤에 피어
슬픈 어머니 같은 여인

사랑은

느려터진 안개비
갓 피어난 꽃술 촉촉히 적시는데
내 사랑은 더 느려터져서
저 으르렁거리는 장막 속에서 갇혀서
헤어날 줄을 모릅니다

이를테면
사랑이 올 때는
바람처럼 찾아 들고
불꽃처럼 뜨겁게 피어오르며
안개비처럼 촉촉이 스미고
사랑이 갈 때는
비바람처럼 옷깃을 적시고
썰물처럼 앗아가기도 합니다

꽃대는 피를 토하며 피우고
꽃술은 격하게 사랑을 하려 처연합니다
꽃물진 꽃샘이 여울집니다

태풍의 핵처럼 고요히 찾아드는
두렵고도 설레는 사랑
소멸되지 않도록 지키려는
처절한 사랑

사랑은
사랑은
지키는 것입니다

사랑은
그런 것입니다

여행을 떠나야겠습니다

어느 가을날 하루는
당신과 함께 여행을 떠나
발길 닿는 대로 가야겠습니다

그 날은 누구를 꼭 만나거나
무슨 일을 해야 한다는
마음의 짐을 지지 않아서 좋을 것입니다

하늘도 땅도 평소와는 달라 보이고
날아갈 듯한 마음에 가슴 벅찬
희망의 노래를 부르며
살아있는 우리 사랑을 만나고 싶습니다

떠나야겠습니다
그대를 만나러 떠나야겠습니다.
올 가을에는 여행을 떠나야겠습니다.

가을, 그녀의 이름으로

사내를 부르는 계절이라 했던가
배란한 가을빛 순정 부풀어
만산홍엽 해산하는 여인

오 색 물결 출렁이는 숲
거친 숨결 토하며 조락凋落의
아픔을 산란한다

그녀의 찬란함이 쪽빛과 어우러지니
어여쁜 여인이 되고
합궁된 저 격정의 짜릿함
청명한 하늘 천향天香을 찌른다

쓱 스치면 향기가 발하고
살살 건드리면 붉게 물들고
툭 치면 피어난다

농익은 사랑의 계절
사내를 부르는
그녀의 이름은 가을이다

마지막 잎새

비가 나리니
앙상한 가지에 대롱거리는
잎새 하나 파르르 떨고 있습니다

산화하는 비련의 주인공
울먹입니다

언제인지 모를 운명!

심혼心魂의 미등 꺼져가는 넋魂
퍼석한 가슴 쥐어 짜 피눈물을 삼킵니다

어찌 이 밤을 지새울까요?

저, 잎새
마음 아파서...

Red Rose Love

사랑하고파 살짝이 펼치어
떨리는 몸짓으로
붉은 유혹으로
핏빛 언약으로 안겨오는 그녀

순결지키려는 촉수 깊이 품었다가
지나가는 오 월 광풍이 후린 탓에
여린 가슴 선혈이 낭자한 그녀

달물 촉촉히 내리는 밤
봄볕 같이 했던 격정의 아픔으로
앙 다문 암술 터트린 그녀

아침나절 교교한 미소 머금고
레드 러브레터로 좋아하는 마음
활짝 펼쳐놓았구나?
화신花神이여

마음은 어디로

하얀 눈을 맞으며
한 줄기 봄볕에 기지게 켜는
햇순을 기다렸다

꽃과 눈맞춤하며
청록빛 신록을 찾았다

바싹 마른 숨 몰아쉬는 신록,
눈빛은 비틀거리고
그는 길을 잃었다

어디로 갈 것인가?
어디로 가야 찾을 수 있는 것인가
어디로 갔는가

이제 가자
아자아자 가자
갈바람 춤추는 곳으로
품안엔 나즈막 밤하늘이 무대를 열고
바람과 구름이 속살거리고
달빛 선율의 가을 소곡

작은 별들의 소나타
산야 물들이는 세레나데
가람 은빛 춤을 추는
그곳에 있는가?

풍년가
- 워낭소리

논갈이하는 농부님네
워이워이 소리 정겹고
칡소의 워낭소리 육짜배기 장단되니
아낙 머리 새참 소쿠리
하늘하늘 춤추네

뻐꾹이 추임새 소리 서산에 늘어지고
둠벙 옆 한 마지기 해름참까지 갈려하느니
칡소 놈 주댕이 거품 물고 빡빡 갈며 해찰허고
농부는 속이 타서 단내나고
서녘 땅거미 민둥산 기어드니
애가 타는 농부 아낙 등골 젖어
무명적삼 척척하네

에헤라 지화자
가을녘 풍년가 울리려면
황소야 농부야 어기영차 힘을 내소
아낙의 농부가 구성지고
소쿠리 장단 춤을 추니
소슬바람 무명적삼 식혀주네

다 갈아 재낀 칡소 놈
정겨운 워낭소리 들녘에 울려퍼지니
오곡 낟알들 주렁주렁 열리고
추수를 기다리는 황금 들녘
풍년가를 부르네

아 만추여, 붉은 노을이여

숨 막히도록 아름다운 노을
손 뻗으면 닿을 듯 흐르다
서러운 듯 잠시 머문다

"사랑도 인생도 너 만큼은 치열해야 해"

갈바람 경외감 내지르자
메아리 노을 머금고 돌아와
막바지 정염 분출하는 만산홍엽 속으로
어느새 스며 들었다
연모하는 가을
으스러지도록 품은 연민이여
고백의 붉은 눈물
추회秋懷로 피어난다

스러지는 갈빛 노을아
일렁이는 갈바람아
불타는 홍엽아
흥취하니 눈물이 흐르는구나
갈홍褐紅 심장에 지핀 불길
그 숨결 다할 때까지 치열하게 사르고 살라

한 줌 재가 되어 임의 품 안기는
끝장 사랑을 하거라

샘터 어록]

삶은 결국 소멸하는 사랑으로 귀결된다
붉게 태워 사위는 노을처럼
사랑 또한 심혼心魂을 살라 소멸한다
인생은 유한한 것이다
그 속에서 피어나는 사랑 또한
유한한 불꽃이다

가을빛 사랑

갈바람 살며시 스치어도
잎새엔 눈물 주르르 흐르네
그리운 사랑아

파르르 떨리는 여윈 가슴
붉게 사르는 석양 노을에 안기네
그리운 사랑아

물든 가슴의 애끓는 고백
그대 사랑한다는 말 고이 담아 가려네
그리운 사랑아

백조

새털구름 깃털로 빚은 천사여
그대는 꽃중의 꽃 백수련 보다
아름다운 꽃이라오

그대 물빛을 박차고 나래칠 때면
바스라지는 빛살이 채색하는
요요한 관능의 몸짓이 부러워
백수련 큰 눈에 호수가 잠긴다오

새하얀 눈보다 더 하얗게 피어
물결의 순결을 사르르 안으며 유영하는 꽃
그대는 순백의 성녀라오

그대 사랑의 몸짓에 위로받아
하얀 꽃으로 일렁이는 수련화는
그대가 선물한 유일한 그리움이라오

아가씨 가을 산책

어여쁜 아가씨 숲길을 걸어가니
지순한 순정 가을 볕 좋아 촉촉히 젖고
옷고름 여민 젖가슴 파르르 떨리우고
꽃들은 향기롭고 정겹네

오 색 저고리 차려입은 추목秋木
재잘거리는 가람
불 지피는 홍엽의 춤사위
아가씨 발그레한 미소 날리네

오 색 꽃신 단풍잎 즈려밟아
사푼사푼 늘솔길 오르니
지저귀는 산새들
아가씨 홍단치마 입에 물고
축복에 날갯짓 하네

오 색 낙엽은 날리고
둠벙 샘물 송송송 솟아 돌팍 돌아 흐르고
도토리 떼굴떼굴 재롱 피우고
아가다람쥐 싱글벙글
초목들 도란도란 흥겹네

갈옷적삼 걸친 가을 숲
아가씨 고운 자태와 어울어지니
무릉화원이 펼쳐지고
꽃다움, 아리따움, 불타는 산마루
임의 품에 오르네

[샘터 어록]

자연과 인간이 공존하여
어울어짐은 조화로운 축복이고

그 속에서 피어나는 사랑은
아름답고 고운 전설의 꽃이 된다

가을은 가고

노을이 서러운 것인가
바람이 서러운 것인가
달빛이 서러운 것인가

바스라지며 산화하는
저 물빛은 아는가?

조락凋落의 마음 아파 몸서리치는
저 잎새는 아는가?

스러지는 가을 그렁한 눈빛에 흐르는 서러움을
서늘한 가슴은 아는가?

낙화

가는 길이 꽃길이고
오르는 계단이 꽃계단인들
그대 사랑없이 아름다울 수 있을까?
떠나는 그대가 펼쳐놓은
고운빛과 향기들
오 색 찬연한 이 길이
바람이 가로막은 벽인 것 같아
가슴이 아리고
그대가 눈에 밟혀
서러운 꽃길 밟지 못하고
서성입니다

갈꽃

봄꽃만
꽃이더냐
떨궈져 뒹구는
한 잎의 낙엽도
화려했던 만산홍엽
시절이 있었네
사물에 절절함도 보는 이
눈빛 따라 다르고
가슴 뛰는 울림 따라
다르듯, 시인의 눈엔
한 잎의 홍엽도
꽃으로 보이니
이를 꽃으로
볼 일이네

낙엽

석류빛 노을 타오르고
그리운 심상心想 끓어 오르는 강바람
이별의 슬픔 달래보려
일엽편주一葉片舟 띄웠구나

수중 만월이 산란하는 물빛 선율에
혹여, 임의 체취 실려오나
물결 치는 대로, 바람 부는 대로
사르르르 사르르르
강물을 가르누나

12월의 고백
- God is Love

아름다운 동행입니다
당신과 함께라서 행복한 12월입니다
올 한 해 얼마남지 않은 시간
유종의 미를
그대가 사랑하는 사람, 저와 함께 하는 기쁨으로
거두시기를 소망합니다

뜨거운 가슴으로 맞이하는
신년 새해는
우리 두 사람의 희망찬 새해로 품안에 안아
그대와 나 초심으로 돌아가
해로동혈偕老同穴하는
긴 여정의 원년으로 삼았으면하는
소원입니다

그대에게 고백합니다
사랑합니다
그대 그대를 죽을만큼 사랑합니다

눈처럼 내리는 사랑

눈이 내립니다
하늘이 열리고 눈이 내리면
세상은 온통 은파도 가득합니다

아무것도 걷어내지 않은 순백의 세상
그리지 못한 하얀 도화지 같은 그리움
심쿵하는 고백의 낙서로
그대 상념의 젖을까 두렵습니다

하늘이 히얗게 내려 앉아 경계를 지워버린
함박눈의 양만큼 애원합니다

순백으로 피어난 설화의 색깔만큼
설화 눈물로 피어난 백매화 색깔만큼
그대를 사랑하렵니다

가냘픈 어깨 위에 가련한 눈꽃이
애련愛戀에 떨고 있습니다

다시 피는 꿈

모든 걸 다 주고 싶은 그대여
심오한 꿈 빛 안고 있으니 상심이 덜하다
그대 지금 비록 시련과 낙심으로
힘들어도 분연히 일어나 힘차게 나아 갈 테니

희망이 가득한 그대를 걱정하지 않는다
지금은 고통이라도 곧은 신념으로 꿈틀대는 그대
곧 많은 존재로 부터 사랑받게 될 테니

늘 얼굴이 맑고 미소 가득한 그대
걱정하지 않는다
지금 비록 가여워 보여도
곧은 본성이 꿈을 잃은 자아에 기쁨을 주어
행복한 세상에 중심이 될 테니

작은 것에도 만족해 할 줄 아는 그대
걱정하지 않는다
지금은 비록 어리석어 보여도
그대 깊은 숲속 초목들이
성공이란 꽃들을 피워 낼 테니

4부
내 사랑 순애,보

사랑의 내재율

그것은
규칙과 법, 절차나 형식
그 어느 것도 침해할 수 없는
원초적인 신성한 성역이지

그것은
어떠한 난관도 위험요소도 제거해 나가는
불가사의한 힘과 중력을 거스르는
절대적인 마력이 있지

그것은
아무리 소모해도 태초의 샘물에서
끝없이 솟아나는 원천이며
생명수지

그것은
우주를 잉태하고 해산하여 생육하고
꽃을 피우지

그것은
그래서 더없이 위대하지

내 사랑 순애,보

돋는 달 기다리다
깜박 꿈 속을 헤맸네

달을 빚다가
두견새 피 울음 소리에
가슴 쓸어내렸어

그대 드리려 별을 따다가
저 멀리 은하강가 멱 감는
그대의 뒷태에 정신을 팔았어

사랑이여
그대 향한 순애,보 잠시 마실 갔다 왔음이니
서운타 마시고 어서 오시어요
영원한 나의 꽃별이여

사랑

그는 초능력의 마법사다
그는 도인의 주술을 가진 연금술사이며
한계점 임계점을 초월하게 만드는
초자연적 존재다

그는 가끔은
뇌쇄적 요요한 관능으로
백마 탄 멋진 모습으로
눈앞에 똑 떨어지기도 한다

그는 또 어떨 때는
높은 선상의 미덕의 경지로
고단한 몸과 마음을
신기한 내공으로 띄워올려
어떤 일이든 발현하고 구현하는
요술짱이다

그는 변화무쌍하며
꽃보다 아름답고 꽃보다 더 향기롭다
늘 귀한 화향花香을 조제해
흩뿌리는 조향사다

기다림

호반 외딴집 갈바람 불어와
단풍 붉게 물들었네

내 가슴도 님 생각에
붉게 물들었건만

절절한 내 사랑
이제 저제 아니오고
꿈결에서나 오시려는지

영혼의 사랑

승화 된 사랑은 무한한 것

삶과 죽음의 시공간 오가며
끝없이 흐르다

한 점 빛으로 산화되어
가슴에 꽂히는 것

가슴 떨리는 꽃으로
피어나는 것

그리운 그대

그대 그리워하다
하루가 저물어갑니다
하루가 길게 느껴지는 날에는
그대가 몹시 그리운 날입니다
사람과 사람이 만나 정이들면
사랑보다는
그리움이 먼저 고개를 드나봅니다
그대가 그리운 건
멀어졌기 때문이 아니라
보고싶은 순간 볼 수 없기 때문입니다
오늘도 그대 그리워하다
하루가 저물어갑니다
배가 고파요
그리워서
눈이 아파요
너무 울어서

사랑하는 이유?

사람들은 사랑하다 헤어지면
큰 상처를 받는 줄 알면서도
왜 사랑을 할까?

그것은 혼자가 아니라는 것을
꼭 확인하고 싶기 때문이 아닐까!

연인의 노래

사랑이란,
바람 부는 연못에서
연근 한 켠 담아 둔 사연
속삭이는 당신과 나
단 둘이 노 저으러 가는 것

사랑이란,
꽃대의 등불 걸고
꿈빛 언약 가득 싣고
노래하는 당신과 나
달 맞으러 가는 것

사랑이란,
물빛 오케스트라 선율 속에
달을 위한 애상곡 들으며
한 몸이 된 당신과 나
별을 보며 고백하는 것

구속과 자유

사랑은
구속이 아니라
고독, 외로움, 독선으로 부터
비로소 해방되는 것
본향을 향해서 훨훨 날아가는 것
비우고 소모해서
손 탈탈 털고
나의 별 항성으로 귀향 하는 것

용서

옹이가 지기전에
뿌리가 깊숙히 터를 잡기 전에
그 상처 놓아 주어야겠습니다

더 이상 붙들지 말아야겠습니다
어떻게 해야 놓아 줄 수 있을까요?
미워하지만 위무하는 것,
그것만이 놓아 주는 최선의 병법일 것일까요?

측은지심으로 눈물로 보내주어야겠습니다
상처와 은혜는 양립할 수 없는 것,
애증의 모가지 뚝 떨궈버려야겠습니다

속죄할 때까지 기다리지 말아야겠습니다
상처를 용서하고 위무하는 건
사랑을 위해 사면하는 것,
이기적으로 살아야겠습니다

봉창

아름다운 곳이다
빛이 마법처럼 변하는 곳이다
꼬마 구들장지고 코풍선 볼며 옹아리하는 곳이다
한지 먹인 틈으로 슬쩍 문지방 넘던 햇살이
이리도 이쁠 수가 없다

오묘한 곳이다
한지 화단에서 매화 난초 국화 죽화가 피고 지고
바람과 운해가 문살 타고 흐르고
문풍지 구멍으로
사계四季가 순리로 돌아가니
신묘한 풍경이다

그리운 곳이다
어릴 적 꼬마는 어디로 갔는지
지금은 어디서 무슨 꿈을 꾸는지
추억의 활동사진 거꾸로 잡아돌리니
잔상 줄줄이 몰려온다

설화가 핀 곳이다
마당과 울타리엔 홍매 황매 백매가
설풍을 틀어쥐고 설화雪花을 피우고
울타리 구멍으로 어린 소녀가 나오고
깨복쟁이 소년과 만나서 설화說話를 피운다

꿈을 꾸는 곳이다
대숲길 오르니 달빛 가득허고
대밭에서 들리는
아버지 참빗 낙죽烙竹치는 소리에
죽순 씹던 봉황이 날아 오르자
벽오동 거문고 타는 소리 그윽허다

연못 달빛 부르는 곳이다
황금빛 달물 연잎 이슬로 내리고
이슬 속 별빛 합궁하니
은하를 산란헌다

은빛 가득한 봉창속은
꼬마의 우주다

하나의 꿈

그대와 나 어느 날
절실한 사랑으로 만나
하나의 꿈을 수놓을 수만 있다면
우리의 꿈이 만나
한 폭의 융단이 된다면
나는 기다리리

추운 길목에서
오랜 침묵과 외로움 끝에
한 슬픔이 다른 슬픔에게 손을 주고
한 그리움이 다른 그리움의 그윽한 눈을
들여다볼 때
어느 겨울바람인들
우리의 사랑을 춥게 하리

고독한 긴 기다림 끝에
어느 날 당신과 내가 만나
하나의 꿈과
하나의 사랑을
융합할 수만 있다면

봄물

어느 여인의 얼굴 같아
저 달동이,
봄물 가득 담고서
매화가지에 걸렸어

난, 뜨거운 가슴 열어
저 달동이 끌어안아 봄물 쏟아보려오
연두빛 어린 싹
가녀린 꽃망울
꼬옥,
품에 안고서

곱단이

북청물장수 물지게 새벽바람 가르던
북창동 어느 골목인가
냉면도 팔고 만두도 파는 골목
더께 낀 고옥 추녀 사이로 보름달 둥둥둥 오르면
어느새 사내도
그녀 가슴에 올랐지

30촉 등 밝힌 문간방 들창에
작은 돌맹이 하나 툭 던지면
진홍빛 양단치마 나풀나풀
화색 만발한 보조개 훨훨 날아 오던
결고운 사람 있었지

석양빛 삐걱거리는 쪽대문 열고
그녀 들어 오는 소리 들리면
서투른 젖은 손 핫바지에 닦으며
그녀 젖가슴 골짜기보다 깊은
자취방 부엌에서 뛰어나와
함박꽃처럼 하얗게 피어 들어오는 그녀
과일 봉지 받아 주던
순진한 사내 있었지

목멱산 하현달 저물어 가고
눈꽃이라도 뿌릴듯 꿀꿀한 날이면
아득히 밀려오는 보고픔 때문에 따끈한 커피
숨 죽는 것도 잊은 채
한걸음에 달려가 추녀마루에 산천을 불러 병풍을 치고
층층구름 하얀 나신(裸身)을 연출하는 응큼하고
곱단한 첫사랑 있었지

못말리는 사랑

뻥 뚫린 가슴에
벙글은 미소 하나 포갰더니
달덩이가 되었어

허전한 달덩이 가슴에
넘실거리는 볼우물 하나 포갰더니
호수가 되었어

호수에 잠긴 달덩이
달콤한 입술 하나 포갰더니
달꽃이 피었어

허허, 그런데 정말 못말리겠어
호수에 핀 달꽃이 네 얼굴인 거 있지

이를 어쩌지
우리의 못말리는 사랑을

원시적 사랑

세월 곁에 머무는 모든 것들
그야말로 순간이다

찰나의 빛,
더켕이 흔적만 남기고
소환될 수 없는 과거 시공간 속으로
사라져 버린다

이러한 사유들을 하다보니
지금 버겁게 버티고 있는 힘든 사랑을
어떻게 지켜내야 할지 모르겠다

자유스러운 감정이 개입한다
너무 깊이 구속하지 마라
두려움 품을 필요도 없다
마음 가는 데로 사랑하라
그냥 사랑하라

달님 부르스

가랑잎 이슬에 젖는 밤
완동골 간아당 지나 엉굴 대숲길
저를 따라오며 소곤거리시다
초가 담장에 턱 걸터앉으시는군요

사립문 여니 별빛은 따라 들어와
대나무 평상에 앉는데
그대는 슬쩍 드려다 보고는
찬바람나게 돌아서시는군요

초저녁 양각산 아래 영산강 비추시다
어느새 호국사 탑돌이 하시니
가슴 아픈 사연에 범종이 흐느낍니다

완동골 당산나무에 세찬 바람이 일고
바랑메고 구름다리 넘어 가는
그대의 그림자가 더욱 더 쓸쓸하십니다

이샌네 목 타는 천수답 달물 축여 주시고
새벽녘 김샌네 대밭에서 흰 망태버섯 여왕과
희희낙낙 죽로주 몇 잔 거나하게 드시고
사랑꽃 피우시나 안보이십니다

난, 비련의 주인공
탱자 가시에 찔린 가슴 저리는 고독이어도
그대가 그리워
오시는 날 기다리려오

슬픈 사랑

지난 세월의 허리 쓸어안아 반겨봐도
그대는 어찌하여 나도 몰래
날 두고 떠나셨습니까?
잊지 못할 그대 모습에 눈물이 나서 실 북에 감습니다

대숲에 내린 달빛 옷감으로 베어 왔지요
그리움 모습 따라 그대 옷을 만들어서
이슬마다 고인 별을 따다 그대 옷에 박습니다

달도 저문 칠흑 같은 밤 구름 타고 흐르는
그대 향한 그리움 나도 몰래 가고 또 가련마는
그대 멀어져 하늘 저 멀리 아련하고
나의 수심은 깊어 부초의 늪을 헤맵니다

고독한 달맞이

낙조 떨어지면 달이 돋아나고
별꽃 피어나 달꽃을 지핀다

다 태운 달빛 아우라 시공간 비울재
적요한 고요가 찾아들고

소쩍새 아리아 서글퍼지니
황조롱이 야광빛 두 눈 어둠을 삼킨다

운무가 꿈꾸는 밤

고독한 심연 달물 채우려
꽉 막힌 물고랑 툭 터버린다

하현달

비바람 칠 때면 나 홀로 스러집니다
한 별꽃만 시리게 사랑했던 난 비련의 주인공
이제 부질없어 날개를 털겠습니다

가득 차 올랐던 욕망 다 비워내고
영원하려던 오만한 눈빛 허한 눈빛으로
이제 그만 되돌리겠습니다
밤을 가둬두는 저 금단의 사선을 넘으렵니다

지금도 꿈을 꿉니다
꽃가람 숨어들어 몸 풀어낸 만월
천 년은 피울줄 알았던 물빛
아련히 바스라집니다

아-- 슬픈 연민이여
이 가혹한 미련을 비우게 하소서
번지는 그리움 자르게 하소서
그 사랑 되돌리지 마소서

잠시 머물렀던 나들이 길
샛별의 섬섬한 빛으로 눈시울 적시다가
사위는 노을 따라 바람 한 숨 틀어쥐고
저물게 하소서

떠나왔던 둥지 그 별자리로
돌아 가는 뒷 모습 의젓하게 하소서
현상계 가로질러 정수리 기어올라
인식의 담을 넘을 수 있음이니

별꽃을 사랑한다 도반했던 비련이
무상한 물질을 가둬두는 저 금단의 담벼락에
획을 긋고 점을 찍어 일생을 가둬놓고
피안의 시공으로 은둔하려함이니

적요한 날개 털어낸 무상한 욕망이
모천의 별자리로 귀천하는 섬섬한 눈빛이
성스러운 도발이게 하소서

창조적 사랑

세상 남녀 인연이
처음부터 완벽한 조합은 없으리라

살아가면서 서로가
꽉 찬 공간을 비워주는 것
모자라는 공간을 늘려주는 것
빈 공간을 채워주는 것

선연善緣보다는
후에 만들어 나가는
좋은 합연合緣이 있을 뿐
참사랑은 이런 것

5부

주목이 이천 년을 살아있는 이유

아가야

네가 처음 내게로 올 때
바람이 너를 데려 온 것을 아니?
구름이 너를 데려 온 것을 아니?
햇님이 생명의 불꽃을 심은 것을 아니?

그 불꽃으로
심장이 움직이기 시작할 때
먼 미래의 희망과 함께 네가 자라고
녀의 해 맑은 웃음 하나로
아빠는 모든 시름 다 잊는다는 것을 넌 알고 있니?

네가 나의 전부라는 걸
한 우주라는 걸
아가야

*일주일 전에 아들이 태어났다.
 코가 오똑하고 잘 생긴 녀석이다.
 늦게 본 자식이라 세상을 다 얻은 듯 너무 기뻐서
 미흡하나 시문을 지어본다
                    (임신壬申년 7월 27일 새벽)

고향

그리운 상상,

코스모스 하늘하늘
하늘빛 물들이고

잠자리 빙글빙글 술래로
빨갛게 익어가지

그리움 다해
밤마다 숨박꼭질 놀이에
꿈속 흔적 더듬어가는

고향은 아련한 내 고향은
백년화 죽로주竹露酒 도가

초가 둥지이어라

재 넘어 외딴 누옥陋屋
독아지 된장 햇살에 띄우고
토담밑 방앳잎 홍살치마 나풀거리고
파란 도화지에 금빛 채색하던 금잔디
볕이 좋아 졸고있어요

손님이라 우기던 한량바람
알싸한 쑥갓향 후려 텃밭 돌아나가고
몽돌 계단밑 수심 찬 여울목
징검다리 쓸어 안고
빼꼼진 눈물 쏟아내어요

환장한 봄날
복숭아꽃 개나리꽃 진달래꽃
둥둥둥 꽃둥이 띄우면
수억광 년 달려온 햇살이 초원을 가르고
달물 가득 머금은 아침이슬
초롱초롱 빛나네요

꽃터지는 봄날
그대와 아옹다옹 사는 둥지
한 폭의 수채화 액자에 담으니
여기가 바로 둘이서 색칠한
단 칸 초가 둥지이어라

상엿소리

이제 가면 언제 오나
북망산이 내 집 앞일세

자라 자라 자라
에헤 에헤에에 너화넘자 너화 너

망자를 달래는 상엿꾼도 슬프다
서럽고 애닲은 곡소리에 산천초목도 흐느낀다
상여 난간에 올라탄 소리꾼 핑경소리
땡그렁 땡그렁 땡그렁
망자의 한 달래는 소리꾼 소리
남겨진 상주들 가슴이 찢어진다

북망산천 가는 이
맺힌 한 다 내려놓고 가는 길 편히가시라
저 구름 위에 띄워 둔 쪽배 타고
속절없이 북망산천 가시라
곡소리 애절하다

상여꽃 망자 가는 길 뿌려대고
망자 생가 돌고 돌며 상엿꾼 소리에
상여가 춤추며 놀고
망자 인연붙이들 서럽고 서러워
상여 따라 흐느낀다

땅을 치며 나를 두고 우리 두고
이제 가면 언제 오나 안오시면 어쩌냐고 대성통곡하고
소리꾼 핑경소리 길을 재촉하니 망자 넋 속절없이
고향인 저 머나먼 우주를 향한다

자라 자라 자라
에헤 에헤에에 너화넘자 너와 너

소꿉친구

꼬맹이 시절
가을날 억새밭에서
억새 꺽고 뒹굴며 놀았던
소꿉친구들

황금 빛깔 속에서
그 녀석들과의 소꿉장난은
순백했던 태초의 원천源泉이였지

이를 떠올리고 추억하는 것은
혼탁한 도시문화에 함몰된
인간들에 변질된 정서를 회복케 해주는
원천이고 자정력이지

오늘 초딩 동창들을 만난다
보고싶었다 얘들아
기다려

어머니 시집 오시네

어머니가 시집을 오시네
꽃보다 어여쁜 지고지순한 순정이
서방님 따라 오신다
연지곤지 찍고 꽃가마 타고
늠름하고 잘 생긴 낭군 따라
시집을 오시네

석류 붉어 떡 벌어지던 날
늦잠 꽃대 세운 연화당蓮花堂 아씨
꽃가마 들자 새초롬이 질투하고
석류 식구들 촘촘히 있어 문틈 사이로 새색시 반기네
콩새 녀석들 경사가 났다고 동네방네 퍼 나르고
떼거리로 탱자나무 걸터 앉아
축하연을 펼치네

꽃가마에서 내리는 새색시 고운 자태에
새신랑 입이 쫙 벌어지고
신명이 난 푸른 대숲 선비들
잔칫상 죽로화주竹露花酒 한 잔에
시조창 절로 읊프네

하늘이시여

하늘이시여
벌렁거리는 쌤통 끌어안고
동동거리는 짝사랑을
안겨주소서

하늘이시여
이글거리는 마그마 끌어안고
앙탈부리는 폭염을
식혀주소서

하늘이시여
하얗게 타는 앙가슴 틀어쥐고
찰랑거리는 물빛을
말려주소서

꽃

존귀한
사
랑
은
대 우주 속에서

탄생하여
피
어
나
는
향기로운 꽃이다

한 꿈

그대에게 선물하려
은하강에서 낚시를 했지
예쁜 별 낚아보려 했어
수많은 별 헤엄쳐 다니는 강가 앉아
낚시대를 던졌지
카시오페아도 작은곰도 유혹해보고
전갈도 겁을 주고
칠성별 전 기도 올렸으나
한 꿈, 별똥별만 낚였어

그대 보고싶어
별바다에서 조각배 띄워 노를 저었지
예쁜 마음 낚아보려 했어
꽃바람 타고 물비늘 타고
물빛을 갈랐지
손 닿을 듯 멀어지고
별꽃은 떨어지고
한 꿈, 춘정春情만 낚였어

고독

그리운 날엔 시를 쓰고
보고 싶은 날엔 술을 마시며
너와 걸었던 숲길을 걸었다

그래도 보고 싶은 날엔
잔불 사르는 낙엽 밟으며
그리움 살라 너를 깨웠다

[샘터 어록]

고독은
사색하며 치유하는
철학적 사유다

어부의 희망

스산한 땅거미 늘어지네
풀벌레 소리 요란하니
수리부엉이 애처롭구나

이를 어이하랴
닻 내리고 그물 드리우랴
여울가 여우들 사랑놀이에
갈잎 파르르 자지러지네

갈대의 순정을 누가 믿으랴
피고 지는 꽃이로다
사랑도 이별도 끝없이 피고 지니
쏙삭이는 바람결에도 마음을 베이네

이를 어이 하랴
그물 걷어 올리랴
걷어 올린 그리움 다 놓아 주랴
빈 그물이면 어떠랴

다 비웠다가
새벽녘 붉게 달아오르는
둥근 미소를 건지랴

구름이 가고 달도 지네
풀벌래 소리 요란하니
소쩍새 구슬프구나

달빛 세레나데

노을이 죽으면 달빛이 싹을 치고
미리내 별밭 은가비 축여 별꽃 터뜨리고
눈빛 추파 반짝반짝 던지지

산화한 놀빛 신음 소리 시공간 쓸어내면
초점 잃은 고요가 채워지고
소쩍새 세레나데 아름슬픈 밤
수피아 부엉이 푸른 눈 고요를 밝히지

비경은 흐르고 또 다른 달빛 채운彩雲 채워지면
먹먹한 넋 은파 축이려
얼명얼명한 심상心狀 사랑 채우려
꽉 눌린 가슴
툭, 던져 봐도 좋으련

공존

자연과 인간이
공존하여 어울어짐은
조화로운 축복이고
그 속에서
피어나는 사랑은
곱고 아름다운
전설의 꽃이라네

모순

냉정과 열정 사이를
끊임 없이 오가는 것은 아닌지

냉정한 듯 보이지만
그 안에는 열정으로
가득 차 있기도 하고
열정으로 다가오는 순간에도
냉정이란 또 다른 감정이
숨어 있는 것은 아닐까?

우린 어쩌면
사랑이 필요한 것이 아니라
진심 어린 사람이 필요한 것이 아닐까?
사랑이란, 그런 것이 아닐까?
아마도...

일치점

사랑이 감정에 치우치지 않으려
그 보단 더 여린 곳을 봐야 하니까
다 줄 수 없는 좁은 문으로 낙타를 꿰 듯
가장 연약해 쓰러진 풀 한 포기 세우는
사랑이 필요했다

너는 이상, 나는 현실
그렇게 놓여진 현실과 논리의
괴리 앞에 가장 약한 우리가
하나가 되길 소원하며

눈물의 언어

고단한 삶 속에서
사랑하는 연인이 흘리는
뜨거운 눈물의 언어는
마른 가슴을 적시고
지친 영혼을 적시는
참다운 언어이며
애틋한 고백이고
진솔된 사랑의 언어이다

무언의 삶

막상 무언가 궁리하다
펜을 들면 사라져 버린다

철저한 통관의 협력이 무색하도록
압도하는 무언의 외침은
무상 속에서 화려한 꽃을 피운다

아득히 무언의 가려진 공간을 볼수 없음이
안타까움으로 다가오고

나 아닌 내가 이루어야 할
이 극진한 베풀음을 우리는 망각하며

실상의 가득함으로 가리워진
외진 골목만 돌아가고 있다

네가 얻을 수 없는 것들은
이미 우리 것이 아니듯

흐드러지게 피어난 봄의 꽃
얼굴 스치는 봄바람만 탓하고 있다

우리는 이렇게 주위 것들을 탓하는데
아무런 이유가 없다

허기

비가 오는 건
내 마음의 정서적 허기를
달래주려고 오는거지

너를 보고 싶은 건
내 허전한 가슴에
너의 사랑을 가득 담고 싶은
신호이지

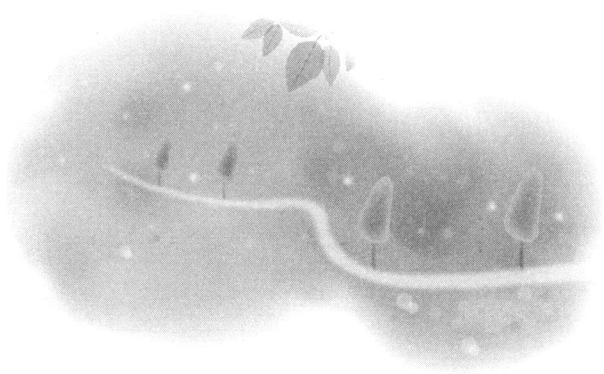

이름없는 벙어리 꽃

말 못하는 꽃이지만 키를 들고
격한 마법으로 다가가 꽃샘을 열면
오래토록 사랑한 이야기 보따리 풀어요
이름도 없고 말도 못하는 여인
여린 숨으로 밤이슬 치는
살고지고 피고지고
산이라 좋아라 물이라 좋아라
별꽃도 캐내어서 달 밭에다 모종하는
비련의 가련한 꽃
달빛으로 보드랍게 안아보자
아리동동 내 사랑

꿈 같은 사랑

미소가 아름다운 꽃
꿈결 속 몽롱한 물안개처럼
피어오르는 꽃
소망의 꿈들이 피워오르는
소원 하나에 행복 고이 담아
고개 내밀어 기다립니다

몽글몽글 서성이는 꽃이여
그대 꽃술에 내 영혼 불어넣어
무아경 속에서 달삭입니다
기다림도 아름다운 축복인 것을

물안개 속으로 스미는 꽃이여
당신을 꿈 속에서 쓸어안아
으스러지도록 꺽고 싶은
내 사랑 꽃입니다

침묵으로 쓰는 편지

당신은 오늘도 마음의 커텐을 내리고
나는 또, 당신의 문앞에서 서성입니다
언제까지 당신의 문앞에서 서성여야 합니까

당신이 마음의 커텐을 걷어 올릴 때쯤이면
나는 커다란 장벽을 치고 맙니다
순화되지 못한 시간들이 가슴을 에이면
시린 바람이 불어 오거든요

꿈 속 당신, 마음의 커텐을 내릴 때쯤
고요한 침묵의 벽에 편지를 씁니다
당신, 사랑해도 되는지를

심경

자신의 내면을 들여다 볼 줄 알아야

자신을 알고 진실된 사랑에 접근하게 되는 것

사랑을 키우고 견실히 열매를 맺는

첩경이 되는 것

주목이 이천 년을 살아있는 이유

이를테면 지나는 저 바람이 묵묵히 던지는
한 마디는 심오한 전설은 아니었을 것이다

"꼭 있을 자리에 있어 저 작자는
천 년을 말이지
할아버지에 할아버지 그 위에 할아버지에
수십 대 위 할아버지 적부터
뿌리를 대지 심장에 박고 하늘을 펼쳐 두르고
별들이 주렁주렁 열리면
따먹어가메 말이여"

이렇게 별거 아닌듯 툭 던지는
에먼 소리였을 것이다
두루마리구름이 돗자리 쫙 펼치고 떨썩 앉아서
훈수 두는 정도였을 것이다

"그렇지 저 작자는 꼭 있을 자리에 있어
살아서도 천 년, 죽어서 천 년을
고고하게 가는 숨줄 붙들고 살아있어
죽어도 죽은 것이 아니여
억울하지도 안나베여

딴년과 바람이라도 피우제 말이여
근친상간만 허지말고 유전자 좋은 딴년하고
합방이라도 했으면은 저렇게 한 쪽 몸둥이가
썪어 나가지는 않았을 것이여
이삼천 년 쯤은 거뜬히 더 살을 것이여"

그렇지 그래도 이천 살쯤 묵었는디
저 작자가 가만있을리가 없었을 것이다
그래도 살 붙이고 살았던 시절이 있는디
가만히있으면 전설이 아니였을 것이다
둔탁한 눈을 뜨고선 저렇게 지르지 않으면
천불이 났을 것이다

"맨날 생겨났다 소멸됐다 반복하는
존재감 없는 너희들이 뭘 안다고 구설口說이여
그래도 최소한 이천 년 쯤은 살아봐야
목생木生을 아는 것이여
죽는 것도 턱하고 죽을 것이 아니라
무위자연 관조해가면서
숨줄 조절해가메 서서히 죽는기여
그래야 자연의 섭리를

하늘의 깊은 뜻 알 수 있는 것이여
한 자리서 삶과 죽음을 경험하는 것도
순정이고 예술이여"

이구동성 와글와글거리는 저들의 구설은
누가 기록할 것인가
설화든 전설이든 저 이천 살 묵은 작자가
사선을 넘을 때
옆에 있는 작자들은 꿈도 꾸지 못했을 것이다
저 작자가 물질계 금단의 벽에다
획을 긋고 점을 찍어 일생을 가두고
절대계로 넘어가는 일이
도박이자 도반이었을 것이다

산책로에서 만난 사랑

이정록 감성시집

초판 인쇄일 _ 1993년 1월 28일 - ㈜ 도서출판 매일
초판 발행일 _ 1993년 2월 7일 - ㈜ 도서출판 매일
2쇄 발행일 _ 2020년 7월 31일
3쇄 발행일 _ 2020년 9월 3일
4쇄 발행일 _ 2020년 10월 30일
저　자 _ 이정록
발행처 _ 도서출판 샘문
감　수 _ 김소엽
편집디자인 _ 신순옥
인　쇄 _ 도서출판 샘문
주　소 _ 서울특별시 중랑구 동일로 101길 56, 3층 (삼포빌딩/181-73)
전화번호 _ 02-491-0060 / 02-491-0096
팩스번호 _ 02-491-0040
이메일 _ rok9539@daum.net / saemteonews@naver.com
홈페이지 _ www.saemteo.co.kr (샘터문학)
　　　　　 www.saemteonews.co.kr (샘터문학신문)
출판사등록 _ 제2019-26호
사업자등록증 등록 _ 113-82-76122
샘터문학평생교육원 (온라인 원격)-교육부인가 공식교육기관 _ 제320193122호
샘문평생교육원 (오프라인)-교육부인가 공식교육기관 _ 제320203133호
샘터문학신문 등록번호 _ 서울, 아52256
ISBN _ 979-11-968193-7-8

본 시집의 구성은 작가의 의도에 따랐습니다.
이 책의 저작권은 저자와 도서출판 샘문에 있습니다.
무단 전재 및 표절, 복제를 금합니다.

이 도서의 국립중앙도서관 출판예정도서목록 (CIP)은 서지정보유통지원시스템
홈페이지 (http://seoji.nl.go.kr)와 국가 자료공동목록시스템
(http://www.nl.go.kr/kolisnet)에서 이용하실 수 있습니다.

파손된 책은 구입처에서 교환해 드립니다.
본지는 한국간행물 윤리위원회 윤리강령 및 실천요강을 준수합니다.

도서출간 안내

도서출판 샘문 에서는

시인님, 작가님들의 개인 〈시집〉 및 〈수필집〉, 〈소설집〉 등을 만들어 드립니다.
시집(시, 동시, 시조), 수필집 소설집(단편, 장편), 콩트집, 평론집, 희곡집(시나리오), 동요, 동화집, 칼럼집 등 다양한 장르의 출판을 원하시는 분은 언제든지 당 문학사 출판부에 문의해 주시기 바랍니다.
좋은 책을 만들어 드리기 위해 최선의 노력을 다하겠습니다.

빅뉴스

필명이 샘터인 이정록시인(아호 : 지율, 승목)이 2020년 7월31일 재발행한 「산책로에서 만난 사랑」이 오프라인 서점, 온라인 서점, 오픈마켓에서 절찬리에 발매 되었으며, 특히 교보문고에서는 3개월간 베스트셀러를 기록하였다.
샘문시선집으로 유수에 로펌 출판사와 저명 시인들을 제치고 베스트셀러를 기록한 것은 샘문시선집의 브랜드력과 당문학사 대표 시인인 이정록 시인의 저명성과 주지성이 독자 확보력이 최상임이 증명 된 사례이다.

샘문특전

교보문고, 영풍문고, 인터파크, 알라딘, 예스24, 11번가 GS Shop, 쿠팡, 위메프, G마켓 옥션, 하프클럽, 샘문쇼핑몰, 네이버 책 등 주요 오프라인, 온라인, 오픈마켓 서점 및 쇼핑몰에 공급하고 있습니다.

기획, 교정, 편집, 디자인에 최고의 시인(문학박사) 및 작가등 전문가들이 참여하여 감성이 살아있는 시집, 수필집, 소설집을 만들어 드립니다.

인쇄, 제본 용지를 품질 조호 우수한 것만 사용합니다.

당 문학사 컨버전스 감성시집과 샘터문학신문, 홈페이지, 샘문 쇼핑몰, 페이스북, 밴드, 카페, 블로그 합쳐 6만명의 회원들이 활동하는 SNS를 통해 홍보해 드립니다.

당 출판사를 통해 국립중앙도서관 및 국회도서관에 납본하여 영구보존합니다.

당 문화사 정회원은 출판비 〈10% 할인〉이 적용됩니다.
출판비 할부도 가능합니다(각 종 카드사 6개월 ~ 12개월 까지 할부가능)

문의처

TEL : 02-496-0060 / 02-491-0096
FAX : 02-491-0040
휴대폰 : 010-4409-9539 / 010-9938-9539
E-mail : rok9539@daum.net
홈페이지 : http://www.saemteo.co.kr
　　　　　http://www.saemteonews.co.kr
주소 : 서울시 중랑구 101길 56, 3층 (면목동, 삼포빌딩)
계좌번호 : 농협 / 도서출판 샘문 351-1093-1936-63

샘문 시선 1009

산책로에서 만난 사랑

샘터 이정록 時集

필명이 샘터인 이정록시인(아호 : 지율, 승목)이 2020년 7월31일 재발행한 「산책로에서 만난 사랑」이 오프라인 서점, 온라인 서점, 오픈 마켓에서 절찬리에 발매 되었으며, 특히 교보문고에서는 3개월간 베스트셀러를 기록하였다. 샘문시선집으로 유수에 로펌 출판사와 저명 시인들을 제치고 베스트셀러를 기록한 것은 샘문시선집의 브랜드력과 당문학사 대표 시인인 이정록 시인의 저명성과 주지성이 독자 확보력이 최상임이 증명 된 사례이다.

샘문 시선 8009
아홉번째 컨버젼스 감성시집

태양의 하녀, 꽃

명품 브랜드 반열에 오른 샘문 시선집
〈아홉 번째 컨버젼스 감성시집〉

한국문단을 대표하는 대한민국예술원 회장 이근배 시인을 비롯한 손해일, 도종환, 김소엽, 이정록, 강정화, 지은경, 이진호, 서창원 등, 시인들의 주옥 같은 시, 시조, 수필, 칼럼을 실었다.
시인이 되기를 갈망하는 동량들과 습작시인, 기성 시인들이 꼭 탐독해야 할 교본 같은 문단 최초로 표준화 되고 브랜드화 된 융합 문예집이며, 독자님들의 심금을 울리고 영혼과 심신을 위로하고 치유하는, 별꽃 같이 찬란한 아름다움과 서정이 살아 숨쉬는 따뜻한 감성시집이다.